SUNDHED

UFULDENDTE SERENADER

Et Frommsk hjertebind

Kim Gørtz

SUNDHED

UFULDENDTE SERENADER

Et Frommsk hjertebind

2025

SAGARO REC & PUB

Forlag: BoD · Books on Demand, Strandvejen 100,

2900 Hellerup, bod@bod.dk

Tryk: Libri Plureos GmbH, Friedensallee 273,

22763 Hamborg, Tyskland

ISBN: 978-87-7145-810-7

Vort liv er ikke et liv i næstekærlighed, lykke eller tilfredshed, men et liv fuldt af åndeligt kaos og forvirring, et liv, der i foruroligende grad nærmer sig vanviddet.

Erich Fromm

Psykoanalyse og religion, s. 7, 1967

Etikkens psykologi

Skizofreni; den kyniske resignation

Spaltet, et svigtende nervesystem, sjælens livskunst,
at opnå lykken, omsorgen; "masken er faldet" –
visdom og styrke, kærlighed og beskyttelse – en
kollektiv neurose, sandhed, frihed, infantil fiksering.

Tør vi tænke selv? Afmagt, en hel gruppes vanvid.
Tilbedelsen – den evige vandringsmand,
forbandelsen, at genoprette enheden i sin levevis;
hengivelsen lammer – livsvanskelighederne,
modenheden, en tynd fernis.

Øjeblikkets autoritet, i unåde, at frigøre sig fra
patologiske bindinger, isolationsfølelsen –
"fornemmelsen af at være udelukket" – trøst,
massevanviddet; *at praktisere kærligheden og
ydmygheden i hverdagen.*

Lydigheden, benægtelsen, samhørigheden med
altet, glæden, selvudfoldelsen; den lysvågne –
"verdens ende er nær", panikagtig flugt, oprindelsen
til frygt, den kærlige omsorg, ærefrygten,
fremmedgørelsen, at være svag og magtesløs.

Afhængigheden; *en uudryddelig længsel efter at
have forbindelse med noget uden for sig selv* – "et
tredje øre", et lukket tankesystem, en kapitalist-
lakaj, et flokdyr, at blive isoleret, at blive uafhængig
af massen.

Mennesket må opdrage sig selv til at møde
virkeligheden.

Fromm, Psykoanalyse og religion, s. 16, 1967

Når mennesket har taget det første skridt i retning
af at indse sandheden, må det nødvendigvis
anstrenge sig for at leve på en sådan måde, at det
udvikler sin fornuft og sin kærlighed til alle
menneskelige væsner.

Fromm, Psykoanalyse og religion, s. 35, 1967

Ikke frygt og underkastelse men kærlighed og troen
på ens egne evner danner grundlaget for den
mystiske oplevelse.

Fromm, Psykoanalyse og religion, s. 43, 1967

Menneskets virkelige fald er dets fremmedgørelse
for sig selv.

Fromm, Psykoanalyse og religion, s. 46, 1967

Hvis et menneske gør vold på sin natur og sin
intellektuelle integritet, svækker eller lammer han
hele sin personlighed.

Fromm, Psykoanalyse og religion, s. 62, 1967

Indhold

Mennesket må stræbe efter at erkende
sandheden, man kan kun være et fuldt
menneske i den udstrækning denne opgave
lykkes for en.

Mennesket må være uafhængigt og frit, et mål
i sig selv, ikke et redskab for andre menneskers
formål.

Det må kunne have et kærligt forhold til sine
medmennesker.

Fromm

Psykoanalyse og religion, s. 63, 1967

Menneskets karakterstruktur

En neurotisk forstyrrelse, levevanskeligheder, oprørskhed, samvittighed, integritet, mental sundhed, en tom skal, en "tilpasningsterapi", et nederlag; at lytte til sin samvittigheds stemme, "sandheden skal gøre dig fri", og "at skulle tage livet i sin egen hånd".

En manglende evne til at opleve sig selv, velkendt; *neurosens kerne* – det mentale sundhedsproblem, en selvfrigørelses-opgave: *"Den skræmmende erfaring at være alene med sig selv og se ned i en afgrund af sin egen afmagt og menneskelige forarmelse."* (Fromm, s. 69, 1967)

Den lyse og klare aften. Den frit formet og underholdende kærlighedssang. Som en forelsket bejler synges disse sange til en elsket læser: *Sundhed. Ufuldendte serenader. Et Frommsk hjertebind.*

Det er helt Frommsk!

1. Ensomheden, tilbedelsen; *outsideren*
2. Lænket, kvælende; at give fri i respekt
3. En aktiv stimulans til at forbedre sig
4. At gøre godt; livet i det vågne sprog
5. Følsomhed, selvvækkelse og undren

Ufuldendte serenader på vej

Sæson 2

Skrift. *Et Barthessk tegnbind*

Tidligere udgivelser i sæson 2

Frigørelse. *Et Marcusesk erosbind*

Singularitet. *Et Reckwitzsk illusionsbind*

Sker. *Et Kirkebysk begivenhedsbind*

Etos. *Et Spinozask substansbind*

Askese. *Et Schopenhauersk forestillingsbind*

Magt. *Et Foucaultsk galskabsbind*

Begær. *Et Freudsk neurosebind*

Selv. *Et Laingsk spaltningsbind*

Kærlighed; en evne til at opleve omsorg,
ansvar og respekt for et andet menneske og
det intense ønske om det andet menneskes
trivsel.

Menneskets evne til at elske på en måde, der
frembringer værdier, at elske uden begær,
uden underkastelse.

Fromm

Psykoanalyse og religion, s. 71, 1967

En emotionel oprindelse

"At erhverve evnen til at se sandheden, til at elske, til at blive fri og ansvarlig og til at lytte til stemmen fra ens egen samvittighed." (Fromm, s. 76, 1967)

En lille tråd på universets væv, en ægte forvirring, at bryde egoet som en dråbe havvand, at føle livsprocesserne; tilbedelsen af masse-produktionstanken.

Fromhed, omsorg; *"en forøget bevidsthed om naturen i det univers, hvori vi lever, kan hjælpe mennesket til at få mere selvtillid og til at blive mere ydmygt."* (Fromm, s. 81, 1967)

Hverdagslivet, den økonomiske maskine, sjælens vækst, den forretningsmæssige orientering, et karaktermønster, varemarkedet; personligheds-emballage, at være efterspurgt – "varemennesket" – på *personlighedsmarkedet.*

At søge efter et tilflugtssted, menneskets fremmedgørelse, en betydelig angst, et renselsesritual; ærbødighedshandlinger, drømmesprog, væsentlige oplevelser – "den dybe og betydningsfulde visdom".

"Liv er helliget realiseringen af tilværelsens højeste principper, kærlighed og fornuft, det mål at blive det, det potentielt er." (Fromm, s. 95, 1967)

Dét, vi interesserer os for, er det væsentlige.

Samvittigheden er den stemme, der vogter vor
integritet, som kalder os tilbage til os selv, når
vi er lige ved at fare vild.

Fromm

Psykoanalyse og religion, s. 72, 1967

En tom mening

En flænge i det forrykte mønster; "hvor er det muligt?" – en selvvalgt katastrofe, et socialt laboratorium, i de dybe spor, et "sandhedsvåben"; en social terapi, energi-ændringernes lammende og usvækkelige tragedie, en dobbeltbundet velsignelse, en grådig og forkrøblet, fremmedgjort, livløs mekanisme; en tankens fremmedgørelse, en hjertets fremmedgørelse:

"Fremmedgørelse som en sygdom i jeg'et kan anses for at være kernen i den moderne psykopatologi, selv i de former der er mindre ekstreme end psykose." (Fromm, s. 46, 1962)

En indre tomhed, hvor man har deponeret sin hjerne, splittet i et (partielt) begær, hvor livskraften er strømmet over i en "ting"; *idolet repræsenterer dets egen livskraft i fremmedgjort form*:

En social neurose, en mental sygdom, en individuel patologi:

"Fremmedgørelsen har nået et punkt, hvor den grænser til sindssyge, hvor den underminerer og tilintetgør, truer med en altomfattende tilintetgørelse, noget som mange mennesker har fået øjnene op for, det moderne menneskes sygdom, rodfæstet i samtidens produktionsform, som kan løses ved en fuldstændig omlægning af den økonomisk-sociale konstellation og menneskets åndelige frigørelse." (Fromm, s. 51, 1962)

Menneskeheden er blevet 'neurotisk', under et pres,
de kollektive neuroser, et samfunds patologi –
samfundsneuroserne – mennesket må modnes til en
mental sundhed; det sunde menneske, at stole på
sig selv, sin egen fornuft, sin egen styrke – en
uafhængighed – "sin egen herre", at være fri til.

Tilknytningen og samfølelsen med verden – gennem
kærlighed, som et livsudtryk, der nærer "ægte
interesse for verden"; at være modig, påholdende,
"den sociale karakter" – drivremmen.

*"For at kærlighedsforhold kan opstå, må 'den anden'
blive en fremmed, og da ophører den anden med at
være fremmed og bliver mig. Kærlighed forudsætter
fremmedgørelse – samtidig med, at den overvinder
den."* (Fromm, s. 49, 1962)

At spare, forbruge, at have; autoritær kontrol,
selvdisciplin, ordenssans, punktlighed – omdannes
til en indre stræben – samfundsmørtel og
karakterdannelse, livskraften og samfundets
psykiske medium.

Opdragelsesmetoder og overførings-mekanismer, et
livsideal, konkurrencementalitet; at tale til
menneskets hjerte og få betydning – gnidningsløst –
resulterer i neuroser, den mørke side, frygt,
fortrængning, svigt.

Uro og ængstelse, dybfølt modstand, at have et
ståsted, tryghed, en trussel, et øjebliks sindssyge,
forsoning; en hjælpeløs marionetdukke, et frit
menneske, gennemsnitsmenneskets illusion.

Jo mere forrykt den verden, som vi lever i,
synes at blive, i jo højere grad den synes at
blive berøvet almindelige menneskelige
karakteristika, desto mere øges det enkelte
menneskes trang til at være sammen med
andre, der føler og tænker, som det selv gør, til
at samarbejde med mænd og kvinder, der
deler dets ængstelse, dets tanker og meninger.

Fromm

Hinsides illusionens lænker, s. 12, 1962

Modsigelse i systemet

"Det er ikke bevidstheden, som er bestemmende for
livet, men livet der er det for bevidstheden" (Marx)
– *menneskets væren er dets virkelige livsproces* – det
virkelige livs sprog; et mørkt kammer, en
fremmedgjort, neurotisk fortrængning.

En sjælelig sundhed, vejen til helbredelse; "en
opdragelse til virkeligheden", med resignation –
*religion er den betrængte skabnings suk – folkets
opium* – at kaste lænkerne af sig, bevidstheden må
reformeres – at blive herre over sit eget liv.

Det virkeligt vågne og levende menneske, et socialt
betinget filter, en intens beundring, at nedbryde den
skranke, hvor tanker fortrænges: *"Er der mening i,
at vi lever i overflod, men uden større livsglæde –
lever i kronisk kedsomhed?"* (Fromm, s. 100, 1962)

Hvad er det for ideologier, vi fodres med? –
indprentes i menneskesindet, hjernevask,
indpodning, propaganda, opdragelse, oplysning;
frygt, kastration, sult, fiasko, forfremmelse, udstødt
– "frygt for at blive isoleret".

Bange for sindssyge, at bevare sin mentale sundhed,
ønsket om at leve, trusler, frygten for at miste
identitet, medlem af menneskeheden; regressive
kulturer, samfund i forfald, klynger sig til deres
fiktioner – en social fortrængning.

Radikal, "noget, der går til roden", at leve i overflod,
men uden glæde, ensom, i depression; samhørig.

Mennesket er angst for at blive fuldkommen
isoleret fra sin gruppe, men det er også bange
for at blive isoleret fra det menneskelige i sig
selv, alt det, dets samvittighed og fornuft
repræsenterer.

At være fuldstændig umenneskelig er
skræmmende.

Fromm

Hinsides illusionens lænker, s. 103. 1962

Kærlighed, sandhed og retfærdighed

At helbrede mentale forstyrrelser, et spejl,
"engagere mig", at forstå, intelligens, tåben, geniet;
klyngende klichéer – dumhed, vitalitet, glæde, social
succes, at føle og vise kærlighed, en ny harmoni
med verden – at stræbe efter ydmyghed.

Ønsker at leve, modstand, beundring, at underkaste
sig, helliggørelse; "vi glorificerer magten", forbavses
i verdensprogets mareridt – visdomskilderne –
"smagen af hvidvin og rødvin", en følelsesoplevelse.

Famler efter ord, i en følelse af fortabthed, i
beskrivelsen af en deprimerende oplevelse, en
stemning, en oplevelsesmasses livlighed; vandet,
havet, som en levende og en ægte følt tanke, i en
magtesløshed, helt og aldeles i et fangenskab.

Som en modvillig profet, med en samvittigheds
stemme, i beskyttelse og isolation, splittet i et ønske
om at undslippe (fra) sin indre stemme, med en
forpligtelse over for sin medmennesker, i det
åbenbare, som en frigjort sjæl, som en
drømmetyder; i en kemisk regeneration, i en skov, i
den hjælpeløse søvn – som "dødens broder".

At føle og tænke menneskeligt forkrøbles,
kærligheden tørrer ud, til skade for livet, uhæderligt
svigtet, en mægtig censor, forvrænget, forklædt,
forvansket – det neurotiske symptom – en
hemmelig kode; nøgenhedens åbenbaringskilde, et
helt og aldeles melankolsk sind.

Hvis en person i et givet samfund ikke er i
stand til at se den sociale virkelighed og i
stedet fylder sit sind med fiktioner, er også
hans evne til at se den individuelle virkelighed
– den virkelighed, der angår ham selv, hans
familie og venner, begrænset.

Han lever i en halvvågen tilstand, er parat til at
modtage forslag fra alle sider og til at tro, at de
fiktioner, der fremstilles som forslag, er
sandheden.

Fromm

Hinsides illusionens lænker, s. 105. 1962

En slags tredje dimension

Ro og indre fred, spådomskunstens sammentræf,
blændværkets sandsigere, hypnosen, hvor "øjne
kysser hinanden", en sund søvns sensibilitet; en
sandhedens – eller vildfarelsens – port.

Et fredhelligt sted, med hvilens myldrende
forbandelse, værdighedens frihed: *"Mennesket er
kun fuldt ud menneske, når det ikke arbejder – når
det er i fred med naturen og sine medmennesker."*
(Fromm, Drømme, eventyr og myter, s. 181, 1989)

Den skumle tid, arresteret i sin vækst og udvikling,
blokeret, at "finde vej alene ud af mørket", i
dødsøjeblikkets tro på livet; *biofilia* – kærligheden til
livet – en forstenet gentagelse, forhærdelsen og
magtesløsheden.

Krænket, forhånet i en hævnende misundelse, med
en aggression i livets tjeneste; en psykisk knaphed,
en genoprettelse af tab, en ødelæggelse af tillid,
svigt, skuffelse, håbet på et mirakel – had til livet –
afskyværdigt.

Afmægtig impotent og underkastende, at blive
stækket i glæden, at dræbe (i) livsberuselsen – "det
nekrofile menneske" – en sentimental evne til at
forvandle et menneske til et lig, som griber livet
mekanisk; som kvæler livsglæden, det sunde
menneske, der elsker livet, der forbinder, integrerer,
forener – den nekrofile foragt for livet, er et besat
ego, forfængelig, en narcissismens patologi, alene,
bange, såret, og frem for alt helt og aldeles opblæst.

Mennesket kan kun frelse sig selv fra lidelse,
hvis det vågner af sine illusioner og erkender
sin virkelighed.

Den 'vakte' … har overvundet sin narcissisme …
er i stand til at være fuldt vågen.

Fromm

Menneskets hjerte, dets enestående evne til godt og ondt,
s. 72, 1966

Vækst, styrke, frihed og lykke

Den intellektuelle verdensborger, 'menneskets dag'
– en godartet narcissisme – *et værdigt menneskeliv
for alle*, en humanistisk filosofi og erkendelsessfære,
en genfødelse af en "ansvarlig deltagende borger";
en skælvende magtesløshed.

Helligt at forblive forbundet, en invalidering, et
"forfaldssyndrom", der forråder og fornægter liv;
menneskets væsenskerne, "et liv, der erkender sig
selv", *at finde en harmoni, at føle sig hjemme i
verden, at finde en følelse af enhed.*

At genvinde sin tabte harmoni, angsten for
særskiltheden, at gå fremad (progressiv) eller tilbage
(regressiv), en sjælelig sundhed eller sjælelig
sygdom – en regressiv eller progressiv kultur; fuld
opvågnen og modenhed, forslidt: *"Frihed er evnen til
at følge fornuftens, sundhedens, velværets,
samvittighedens stemme."* (Fromm, s. 110, 1966)

Den fuldstændigt frie: *"Jo mere vi fortsætter med at
træffe de forkerte beslutninger, des mere forhærdes
vore hjerter; jo oftere vi træffer den rigtige
beslutning, des blødere bliver vore hjerter – eller
måske bedre udtrykt, des mere levende bliver vi."*
(Fromm, s. 114, 1966)

Tabt livets spil: *"Hvis mennesket ødelægger sig selv,
vil det være på grund af menneskets manglende
evne til at vågne til erkendelse af de realistiske
alternativer og deres konsekvenser."* (Fromm, s. 119,
1966)

I en kultur, hvor markedsindstillingen er fremherskende, og hvor materiel succes er den mest fremtrædende værdimåler, er der ingen grund til at overraskes over, at menneskelige kærlighedsforhold følger det samme handelsmønster, som råder på vare- og arbejdsmarkedet.

Fromm

Kunsten at elske, s. 20, 1960

Frugter; at være ulykkelig

Afgørelsens øjeblik, erkendelse og anstrengelse,
"sandheden skal gøre dig fri"; en kritisk humanisme,
lemlæstet, at vælge livet, i en salighedstilstand.

En sag af den yderste vigtighed; succes, prestige,
penge, magt – *et liv, der er sig selv bevidst* – et
utåleligt fængsel, ensomheden, der fremkalder
angst og hjælpeløshed, vor totale livssituation.

Glatte og gnidningsløse forlystelsesrutiner, et
følelseslivs rutinebur, et produktivt arbejde, at
bevare sin integritet; at give, vitalitet og livsstyrke,
glæde, berige; *kærlighed er aktiv omsorg for at det,
vi elsker, lever og gror* – en evig krøbling.

Ansvarsfølelse; "at være i stand til og parat til at
'svare til' de krav, andre stiller til en", respekt, *evnen
til at se på et menneske, sådan som det er, at forstå
dets egenartede individualitet; "kærligheden er
frihedens barn og fødes ikke i mennesker, der føler
sig beherskede."* (Fromm, s. 46, 1960)

Menneskets hemmelighed, at forstå det levende, en
underernæret velsignelse; *at blive elsket for hvad
man er – at fremkalde kærlighed*, udnyttet, som
vejen i livet, en genital erotik, en infantil tilknytning.

Spontane dybder, en sælsom overensstemmelse,
livets sødme, skabertrangens nærhed, ømheden; en
altopslugende bekymring, en fortrængt fjendtlighed,
en velgemt livskraft i det sociale(s) maskineri, og
forlystelsesindustriens *store bryst* – en nødhavn.

At elske er ensbetydende med at overgive sig
uden garantier, at give sig selv helt i det håb, at
vor kærlighed vil fremkalde kærlighed hos den
elskede.

Evnen til at elske gror frem af en tilstand af
intens, vågen, stærk vitalitet.

Fromm

Kunsten at elske, s. 152-153, 1960

Social tilpasning og sjælesorg

Selvfornemmelsen, en afslappet vågenhed; *at lade sine intellektuelle, emotionelle og sanselige potentialiteter komme til udtryk* – sejren over de totalitære kræfter.

Længsel efter frihed, underkuet, at være sin egen herre, hugget over af snedighed, bedrageri, "trangen til underkastelse" – *tilstedeværelsen af noget andet* – livskraft, glæde, snuhed, list; rumlen.

Uudryddelig forædling, mirakuløst, hykleriske levevilkår, åndelig isolation, svigtet som støvfnug, som livløse skygger; tryghedsfølelsernes smil, flugtmekanismernes kæder – og silkelænker.

Et stammende tomrum, en panisk flugt, ubetydeligt lænket til sin plads, i en drømmende dvale, i et psykisk sejpineri, i et umætteligt begær; menneske-værdighedens modløshed.

En ny frihedsfølelse, en tryg tilværelse, opslugt i en indre sikkerhed, i en desperat længsel, i en skepsis og vished, der jages på flugt, i en uudholdelig tvivl, i en oprørsånd, der knuges i underkastelse, i selvudslettelse; i intethedens selvydmygelse – "vi tilhører ikke os selv".

At fornægte sig selv i besindighedens lammende følelse, i en hektisk, febrilsk og opdæmmet fjendtlighed, med spidsfindig harme, forbitrelse, mistro – at stå alene og isoleret; ensom og bange – som *et lille hjul i økonomiens vældige maskineri.*

Begærlighed er et bundløst dyb, at beundre sig selv,
rådvild, med håbløs smigrer, der sløver; at tilpasse
sig til et konformt mønster, med tilpasnings-
dygtighedens misdannelser, en ugunstig grobund.

At lindre, at holde panikken borte, i en uudholdelig
ensomhed, i selvforringelsens samliv, i en magisk
cirkel, i et forgyldt bur; med forklejnet smerte og
perversitet, med den moralske masochisme og
mentale lidelse.

I tilintetgørelsens herskerlyst og mindreværds-
følelsernes mørke baggrund; *"de masochistiske som
de sadistiske bestræbelser bidrager til at hjælpe
individet i dets forsøg på at flygte fra den
uudholdelige følelse af ensomhed og magtesløshed."*
(Fromm, Flugten fra friheden, s. 113, 1962)

En grusom konflikt i opslugelsens udfoldelsesfelter,
med en skam, og et had – en anonym autoritet, med
foragt, svag, lydig, i oprør, resigneret: *"Neurotikeren
er den, der ikke har opgivet kampen mod
fuldkommen underkastelse, men som samtidig
vedblivende er bundet til den magiske hjælper."*
(Fromm, Flugten fra friheden, s. 132, 1962)

At fjerne enhver trussel på den sociale skueplads, i
livsbekræftelsens integritet, helt livshæmmet;
"destruktivitet er en følge af liv, der ikke leves", en
evig fortabelse, at trække sig fuldkomment tilbage
fra verden.

En robots hypnotiske og fremmede pseudo-
tænkning, med pseudo-følelser, pseudo-villen,

pseudo- handlinger; et helt pseudo-jeg på den kulturelle skueplads, i den indre træthed og resignation, med opgivet håb, smuldret bort, i bitterhed, tæmmet og udtømt i en "selv-fornægtelses-filosofi", i et selvudslettelses-evangelium.

I flugtforsøgets smil, med en slyngels spontane venlighed, som en maskine, der registrerer en skepsis, med en kynisme og en naivitet; forvirret, i stumper, svækket, dybt ulykkelig, på fortvivlelsens rand, med en opofrelse og åndelig integritet, i en ægte aktivitet, med et traume, og en radikal hedonisme, med en teori om trivsel og velvære, på en "lykkejagt", i en nydelsesdrift – i et *begær og en fred, der udelukker hinanden*.

Den livløse, mægtige maskine, der er åben og tom, der sluger hele verden, i forbrugerræsets tomme snak, hvor sindet dysses i søvn "løber man nøgen til Gud" og *nipper lidt til retterne*; i en livgivning uden lænker, i en næringsgivende livskilde, på en åben plads, helt ubundet, uden klamrende lænker "løber man ind i freden", ind i opkørslens humbug, helt ind i livets dans, med en velbefindende indre stilhed, med en demaskering, hvor "små stumper sandhed svømmer rundt" – og giver sig selv – i fredstid.

Med livløshedens kroniske hypokondri, uden mætnings-punkter, uden ophidselsens glæde ved at være til; i tilgivelsens "ulydighed" camoufleres døden, dette at være fortabt i … og prøveløsladt fra … tidens fængsel.

Retten til at udtrykke vore egne tanker har kun
betydning, hvis vi kan have egne tanker.

Fromm

Flugten fra friheden, s. 173, 1962

At helbrede sygdom

Hengivenhedens livsholdning; en mega-maskines spinkle "ærbødighed for livet", en ny humanistisk økonomi – vejen til trivsel:

"Livet bliver mere spændende og stimulerende for folk, når de deltager i fællesskabet. Et ægte politisk demokrati kan faktisk defineres som et samfund, hvor livet er spændende." (Fromm, s. 165, 1982)

Produktionslivets kulturkrise, en tåget fornemmelse, et skælvende hjertedyb, hvor "kærlighed er en evne til at bringe sig selv i relation til og i dybeste forstand tilegne sig verden"; kunsten at leve, en livsviljes livsbekræftelse, *livet som en kunst.*

En levende kraft, en samvittighedens livsfilosofi, en sløret anelse:

"Der er kun én løsning på individets problem: at se sandheden i øjnene og anerkende sin fundamentale ensomhed i et udeltagende univers, at anerkende, at der ikke findes nogen magt over mennesket som kan løse problemerne for det. Vi må acceptere ansvaret for os selv og erkende, at vi kun ved at bruge vore egne evner kan give livet mening." (Fromm, Sjælsharmoni og moral, s. 40, 1965)

At leve produktivt, være os selv med fornuft,
kærlighed og skabende arbejde; at reagere på
splittelsen i tilværelsen ved sin levevis, sine følelser
og handlinger – "at genoprette enheden og
ligevægten mellem sig selv og den øvrige natur."

At være gangbar og efterspurgt, værdifuld på
personlighedens marked med "sjælelige
tilpasningsøvelser", efter markedets behov;

*"med en skeptisk og foragtende holdning over for
den såkaldt upraktiske og unyttige tænkning, der
'kun' interesserer sig for sandheden, og som ikke har
nogen omsætningsværdi på markedet."* (Fromm,
Sjælsharmoni og moral, s. 65, 1965)

Nutidsmenneskets eventyrs-kapitalister og
degenererede misfornøjelse glimrer af lammelse,
reproduktivt og generativt; "at forstå verden, give
det nye stof liv og genskabe det gennem sine egne
ånds- og sjælsevners spontane aktivitet."

En produktiv aktivitet og kærlighed, omsorg,
ansvarsfølelse, respekt og forståelse, at føle sig
forbundet:

*"Produktiv aktivitet karakteriseres ved den rytmiske
veksel mellem arbejde og hvile. Produktivt arbejde
og produktiv kærlighed og tænkning er kun mulig,
hvis et menneske, om fornødent, kan være stille og
alene."* (Fromm, Sjælsharmoni og moral, s. 90, 1965)

Philautia – velvilje mod sig selv – sønderslidt, en logisk brist, helt og aldeles samhørende:

"Den sande kærlighed er et udtryk for produktivitet og medfører omhu, agtelse, ansvarsfølelse og forståelse … en aktiv stræben efter den elskedes udvikling og lykke, med rod i ens egen evne til at elske." (Fromm, Sjælsharmoni og moral, s. 107, 1965)

Grokraft, at vågne til live, i et indre ekko:

"Samvittigheden er en reaktion hos os selv på os selv … vort sande jegs røst … vor integritets beskytter … en røst fra vor kærlige omsorg for os selv." (Fromm, Sjælsharmoni og moral, s. 131, 1965)

Lykke er forbundet med øget vitalitet, intensitet i følelse, tænkning og produktivitet – "kriteriet på mesterskab i kunsten at leve"; den største præstation og fulde udvikling, en ægte indre aktivitet:

"Hvis livets tendens til at vokse og leves bliver forpurret, vil den således hæmmede energi undergå en forvandling og omdannes til livsfjendtlig energi. Destruktivitet er resultatet af ulevet liv." (Fromm, Sjælsharmoni og moral, s. 178, 1965)

Sygdomsavlende – *respekt for livet er en forudsætning for psykisk sundhed*, "retskaffenhed, kærlighed og mod er de kræfter, hvorpå ens liv bygger"; helt og aldeles at være sin egen vagthund.

Vi er blevet robotter, der lever i den illusion, at
vi er selvbestemmende, selvtænkende
individer.

Det moderne menneske hungrer efter livet.

Hvis livet mister sin betydning, fordi det ikke
leves, bliver mennesket desperat.

Fromm

Flugten fra friheden, s. 182-184, 1962

Tvangsritualer og paranoide tankesystemer

Fremmedgørelse, at skabe en ny relation mellem menneske og natur, psykisk sundhed, mentalhygiejne; sindslidende, øget omsorg, manglende sjælelig ligevægt, fred – forbløffende.

Intens kedsomhed, hjertelig latter, at leve med defekten, eskapismens hovedveje, nervøse sammenbrud, afventer et mirakel; integritet og sensibilitet, kulturel narkose – og fleksibilitet.

Frygt og kedsomhed, svækkelse af intelligens, initiativ og dygtighed, apati, frihedslængsel; samfundsneuroser, socialneuroser – at påtvinge samfundet terapi – da fødes mennesket.

Livet bliver sig selv bevidst, universets lune, at føde sig selv, at undgå sindssyge, eksistensproblemet:

"Der findes kun én lidenskab, som tilfredsstiller menneskets krav om at forenes med verden og samtidig skænker en følelse af integritet og individualitet, og det er kærlighed.

Kærlighed er fællesskab med nogen eller noget uden for én selv, på den betingelse, at jeget bevarer sin selvstændighed og ukrænkelighed." (Fromm, Det sunde samfund, s. 29, 1964)

Livet er selve miraklet:

*"Der er en stemme, som byder os at gøre vor pligt,
og en stemme, der opfordrer os til at elske og tilgive
– andre såvel som os selv."* (Fromm, Det sunde
samfund, s. 40, 1964)

Samhørighed, hjernekapacitet, berøring med
virkeligheden, åndelig sundhed, sympati:

*"Kun hvis mennesket udvikler sin fornuft og
kærlighedsevne, kan det opleve naturen og
samfundet på menneskelig vis, føle sig hjemme,
sikker på sig selv og herre over sit eget liv."* (Fromm,
Det sunde samfund, s. 54, 1964)

"De vakte", frigørelsen, følelsesmæssig modenhed,
frugtbringende – en sund eller patologisk livsførelse:

*"Et sundt samfund fremmer menneskets evne til at
elske sine medmennesker, arbejde skabende, udvikle
sin fornuft og objektivitet og erhverve en jeg-følelse,
baseret på oplevelsen af sine egne skabende evner.*

*Et samfund er usundt, hvis det skaber gensidig
fjendtlighed og mistillid, der forvandler mennesket
til et redskab og udnyttelsesobjekt for andre, og
berøver det en jeg-følelse, medmindre det
underkaster sig andre eller bliver en automat."*
(Fromm, Det sunde samfund, s. 57, 1964)

Sundhedstilstanden og nutidsmenneskets livsmønster; en "kulturpause" – samfundets psykiske agentur og magtesløshed; *konflikten mellem verden af ting og deres ophobning og en verden af liv og skabende kraft.*

Beundring, ydmygelse, taknemmelighed, lydighed, underkastelse:

"Vi må nå til klarhed over vor tids specielle patologiske problem for at finde frem til et billede af, hvad der kræves for at redde den vestlige verden fra det voksende vanvid." (Fromm, Det sunde samfund, s. 78, 1964)

Kapitalkoncentrationen og kæmpemaskineriet:

"Mennesket er blevet slynget bort fra ethvert fast ståsted, hvorfra det kunne overskue og beherske sit og samfundets liv. Vi drives med stadig større fart af kræfter, der oprindelig blev skabt af os selv.

Midt i denne vilde hvirvel tænker vi, beregner og har travlt med abstraktioner, fjernere og fjernere fra det konkrete liv." (Fromm, Det sunde samfund, s. 91, 1964)

Besat, underdanig tilbedelse, tabt jeg-følelse, samfundsmaskineriets kultur, fuldkommen fremmedgørelse; "intethedens støbeske", rutinens overflade, hverdagens vanesfære – ingen *katharsis*.

Livet som en forretning, nutidsmenneskets fremmedgørelse:

"Den fremmegjorte person finder det faktisk næsten umuligt at være alene, fordi han gribes af panik over at opleve intetheden." (Fromm, Det sunde samfund, s. 115, 1964)

En mærkbar vækst i stupiditeten, fornuften er gået i forfald, "man kan ikke fortære betydningen, ikke konsumere meningen"; nye automatiske hjerner, en blid melankoli i ansigtet:

"Lykke hidrører fra oplevelsen af produktiv livsfølelse og udnyttelsen af de evner til kærlighedens og fornuftens brug, der forener os med vor omverden.

Lykke består i, at vi berører virkelighedens klippegrund, opdager vort eget jeg og vor enhed med andre såvel som vor forskellighed fra dem." (Fromm, Det sunde samfund, s. 149, 1964)

Kedsomhed, lammelse, depression og eskaperings-muligheder, et defekt samfundsmønster:

"Psykisk sundt er det menneske, der lever på kærlighed, fornuft og tillid og nærer respekt for livet, sit eget og sin næstes." (Fromm, Det sunde samfund, s. 151, 1964)

Angstens tidsalder, vanviddets grænse,
skyldfølelsen, forfaldet; "må dø midt i mørket" –
hjerternes lavhed:

*"Alle er underkastet den nødvendighed at forråde
det vigtigste for deres liv, forståelsen af selve
tilværelsen."* (Fromm, Det sunde samfund, s. 157,
1964)

Civilisationens løgn, en forretning, et økonomisk og
moralsk tyranni, personlig tomhed, samfundets
feberrus, klinger hult, massemennesket, en
evighedsmaskine; skuffelse, forkrøblet liv uden
tænkning, social forvirring – at få folk til at elske
deres trældom.

Forplumret, knust i stumper, resignation, berøvet
livsglæde, fordummelsen; "at optø de forhærdede
hjerter" – et nederlag, indre tomhed, misfornøjelse:

*"Vil vi kunne skabe en fremtidsvision af det gode,
sunde liv, der kan vække livets kræfter hos dem, der
er bange for at vandre fremad?"* (Fromm, Det sunde
samfund, s. 256, 1964)

En kulturel genfødelse, der står i livets tjeneste – at
vælge livet.

Jeg kalder den ikke-fremmedgjorte aktivitet
produktiv aktivitet.

Produktive mennesker sætter liv i alt, hvad de
rører ved.

Fromm

At have eller at være, s. 87, 1982